Copyright, MCMLIII, by The Willis Music Company

© MCMLXXIV by The Willis Music Co.
International Copyright Secured
Printed in U. S. A.

"UNA DOCENA AL DIA"

Muchas personas hacen ejercicios cada mañana antes de ir al trabajo.

De la misma manera — nosotros debemos dar ejercicios a nuestros dedos cada dia antes de comenzar nuestra Practica.

El fin de este libro es ayudar a desarroyar manos fuertes y dedos flexibles.

No trate de aprender todos los doce primeros ejercicios en la primera semana que estudie este libro! Aprenda solo dos o tres y hagalos cada dia antes de practicar. Cuando los sepa bien, añada otro, luego otro, y siga anadiendo hasta que pueda tocar los doce perfectamente.

Cuando la primera docena — o el Grupo I — ha sido bien aprendido, el Grupo II puede ser introducido en la misma manera, y asi los otros Grupos.

Muchos de estos ejercicios pueden ser traspasados a diferentes claves. De hecho, eso debe ser promocionado.

EDNA-MAE BURNAM

INDICE

	Pagina
GRUPO I	1
GRUPO II	9
GRUPO III	15
GRUPO IV	22
GRUPO V	28

Grupo I

1. Despertar y Estirarse

2. Azepillandose Los Dientes

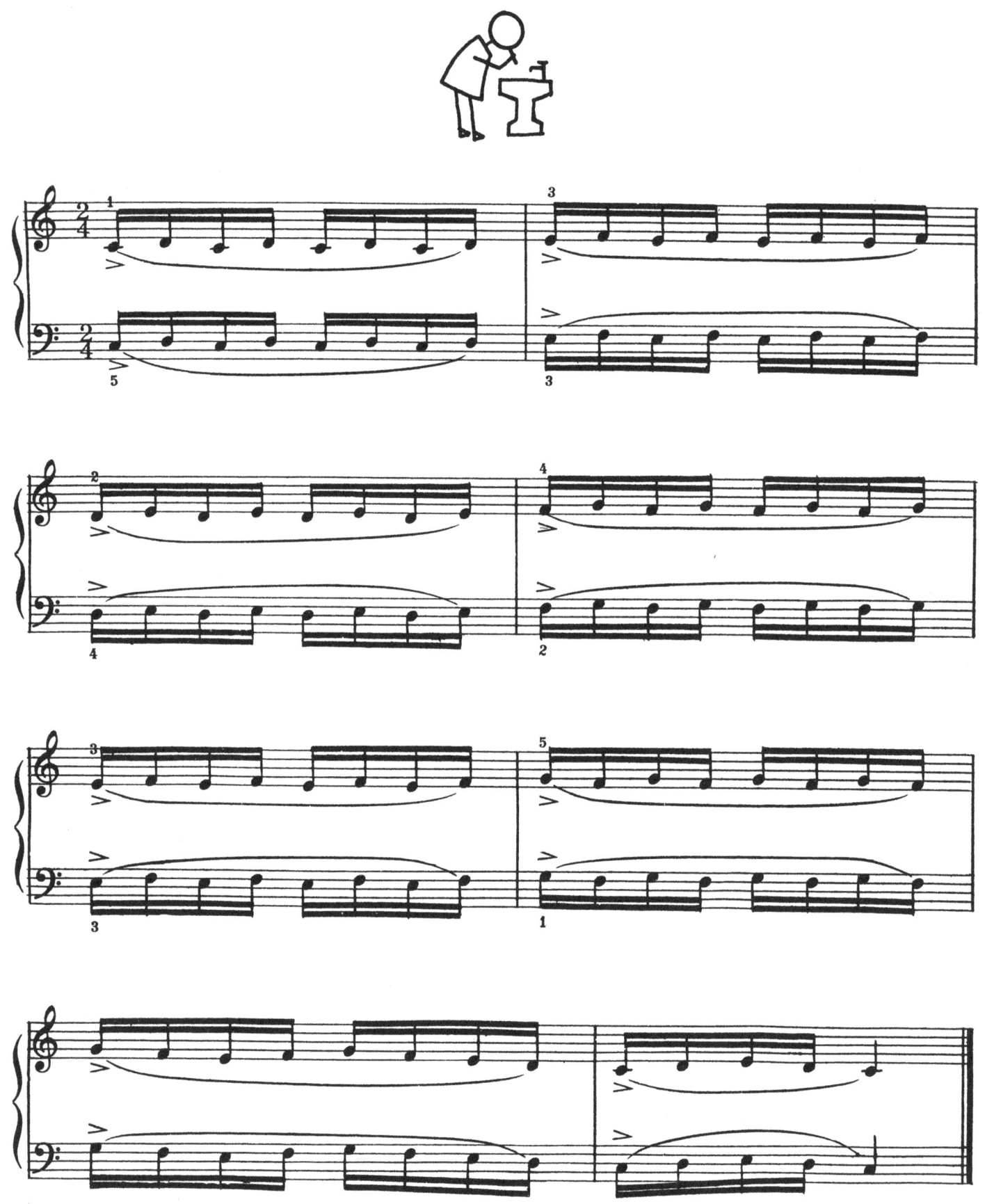

3. Bajando Las Escaleras

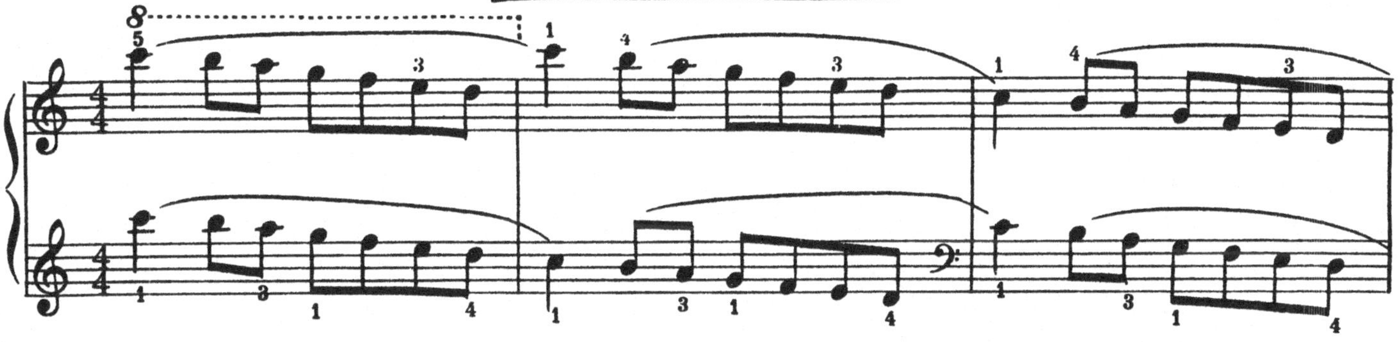

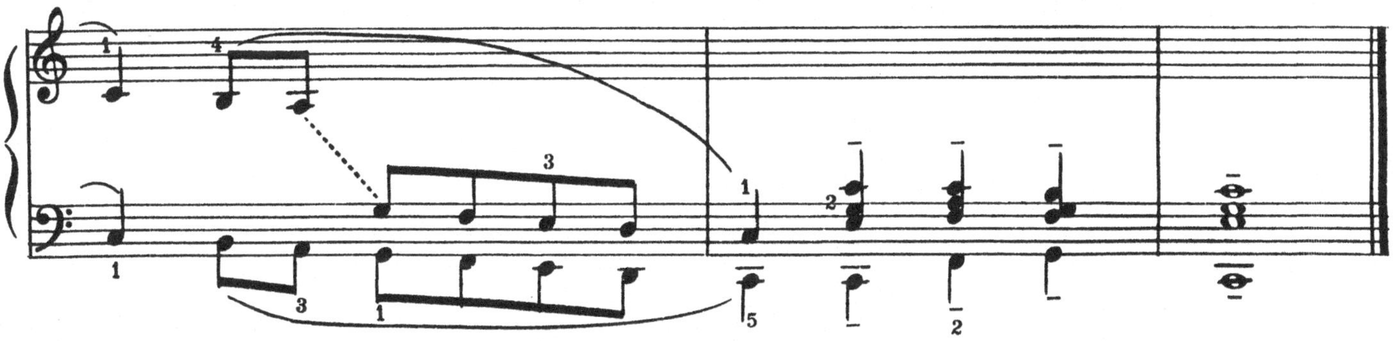

4. Barbilla Arriba Hasta La Cuerda

Dedos silenciosos
Manteniendo los el ejecicio entero

Tocar con solo los dedos gordos

7. Saltando

8. Doblarse Hacia Atras

9. Lanzando Los Brazos Hacia Fuera y Atras

10. Carretillas

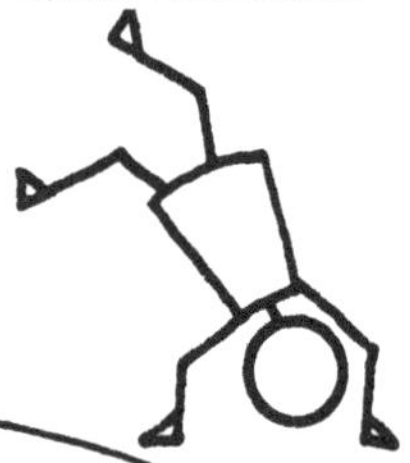

11. Levantando El Cuerpo

12. Afinado Como Un Violin y Listo A Partin

Grupo II

1. Respirando Hondo

2. Azepillandose Los Dientes

3. El Gran Salto

4. Barbilla Arriba Hasta La Cuerda

Dedos silenciosos
Solo con los dedos gordos

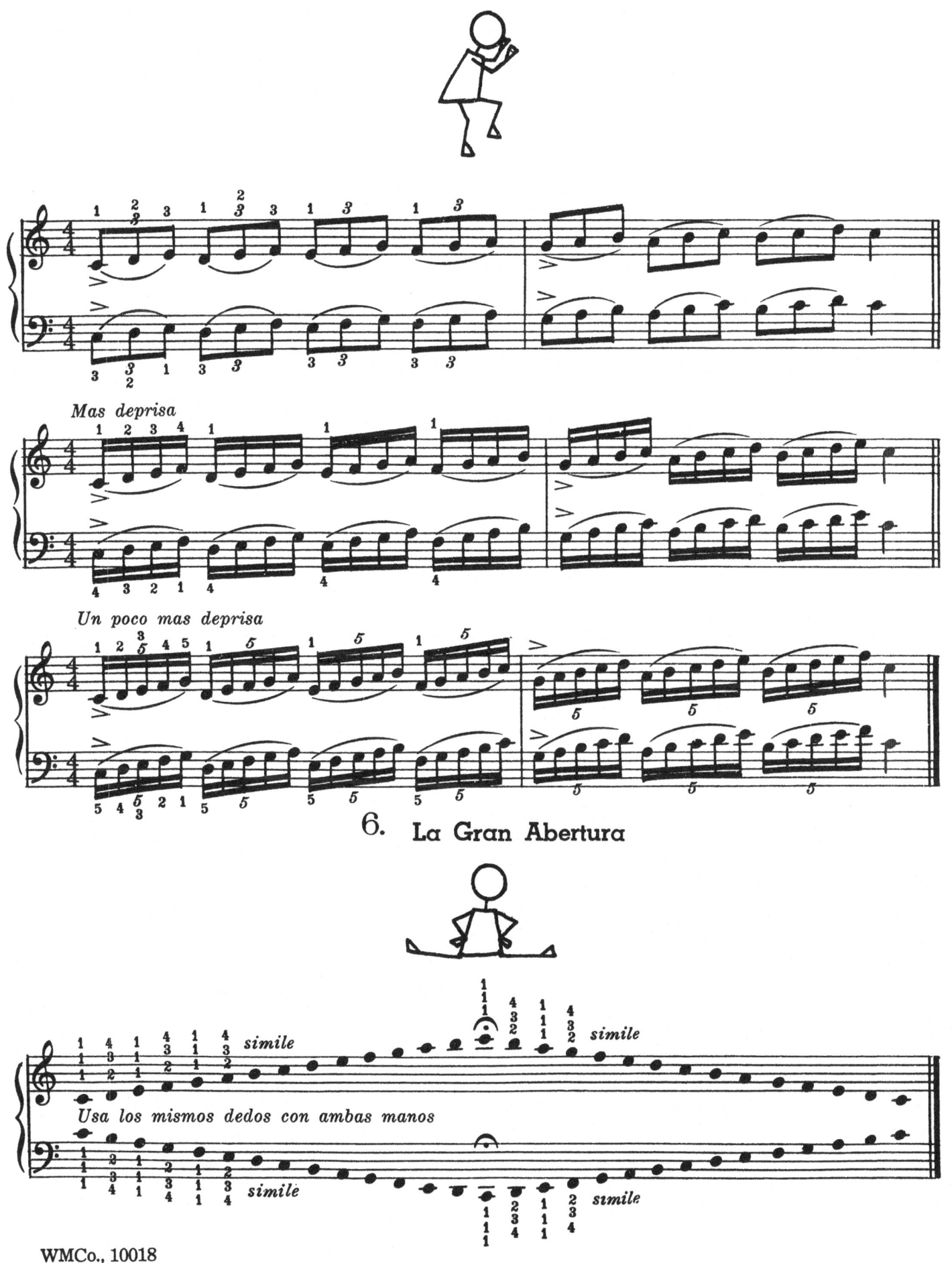

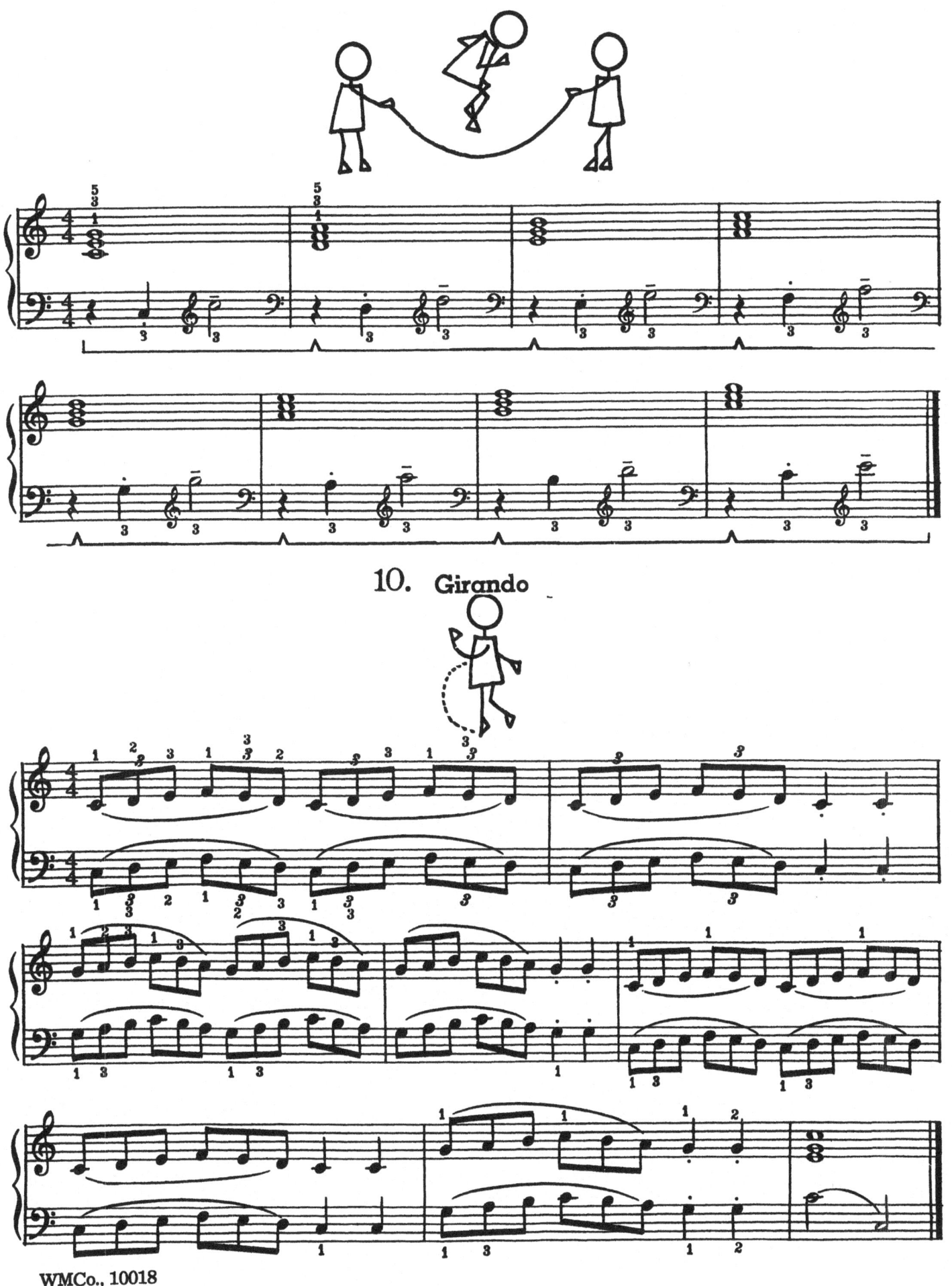

Grupo III

1. Despertar y Estirarse

4. Cruzano Las Piernas (acostado)

5. Barbilla Arriba Hasta La Cuerda

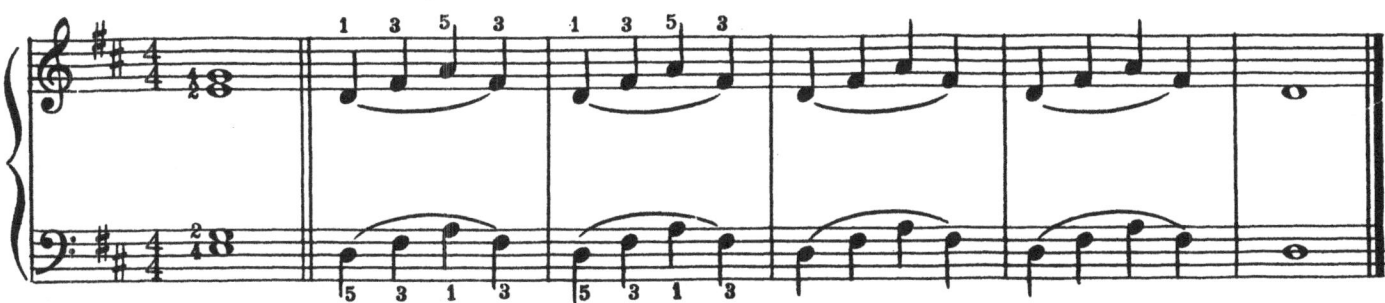

6. Corriendo De Puntillas (en lugar)

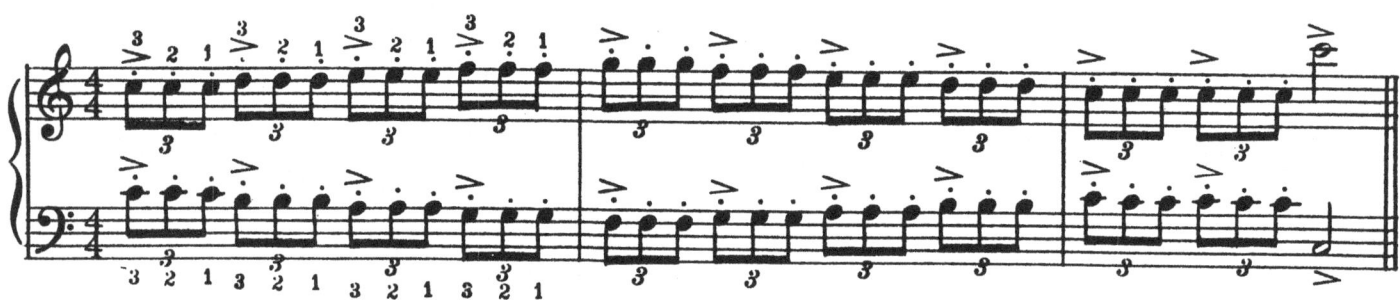

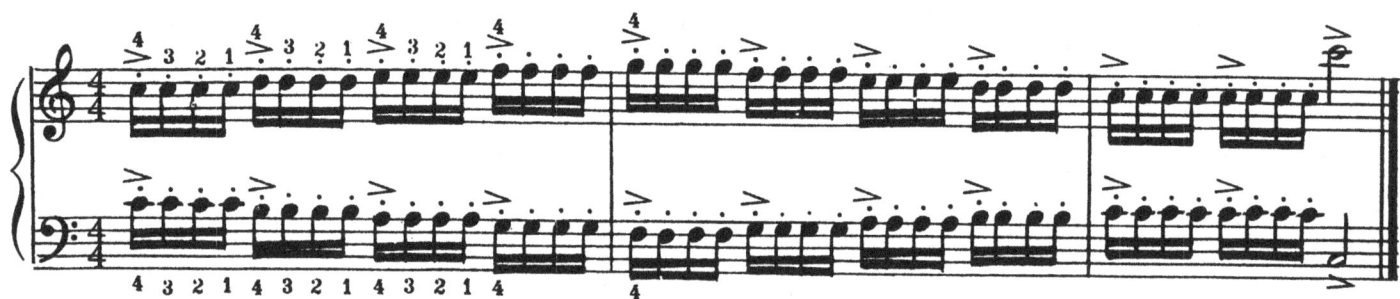

7. Levantando La Pierna Derecha

8. Levantando La Pierna Izquierda

9. Saltando Como La Rana (ambios pies al mismo tiempo)

12. Afinado Como Un Violin y Listo A Partin

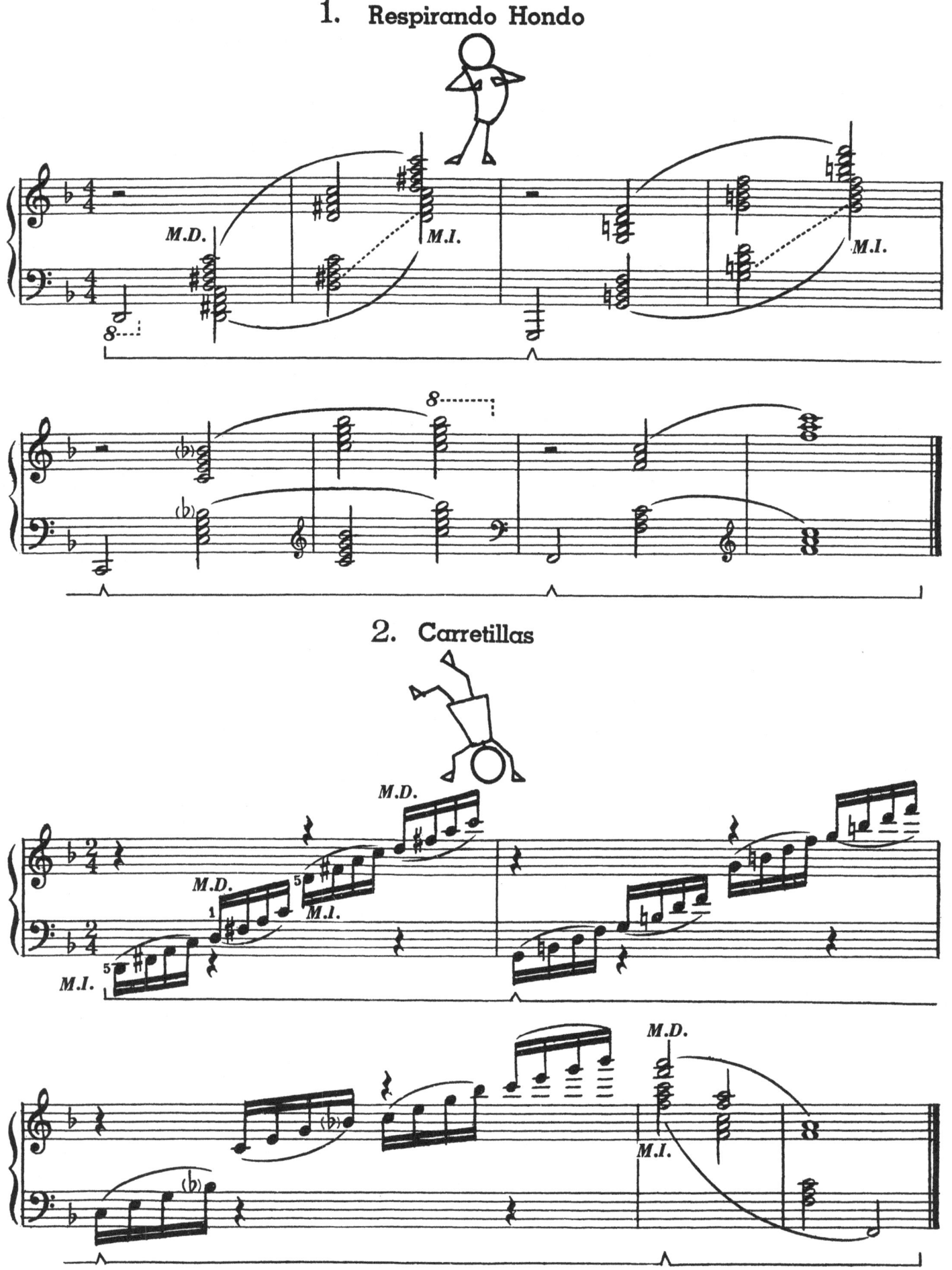

3. Andando Con Palos

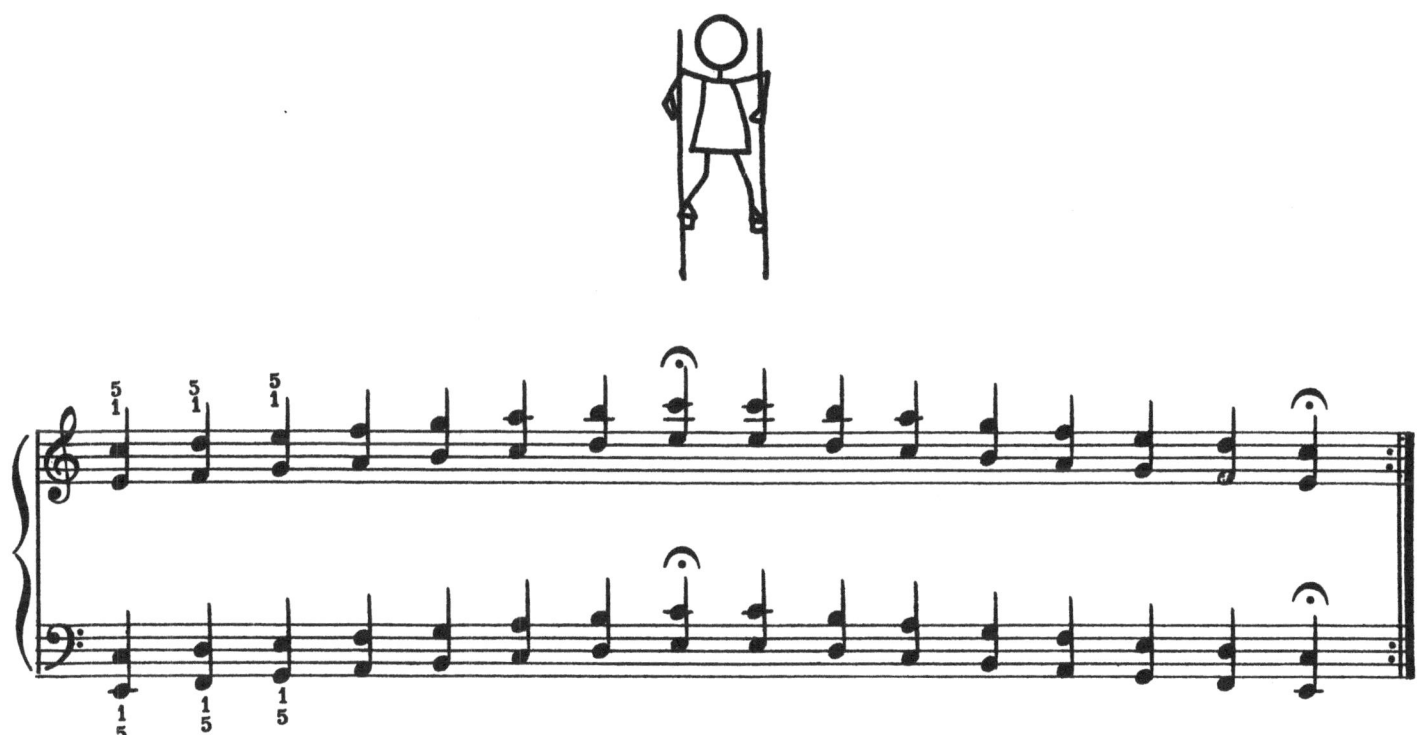

4. Andando Sobre Una Cuerda

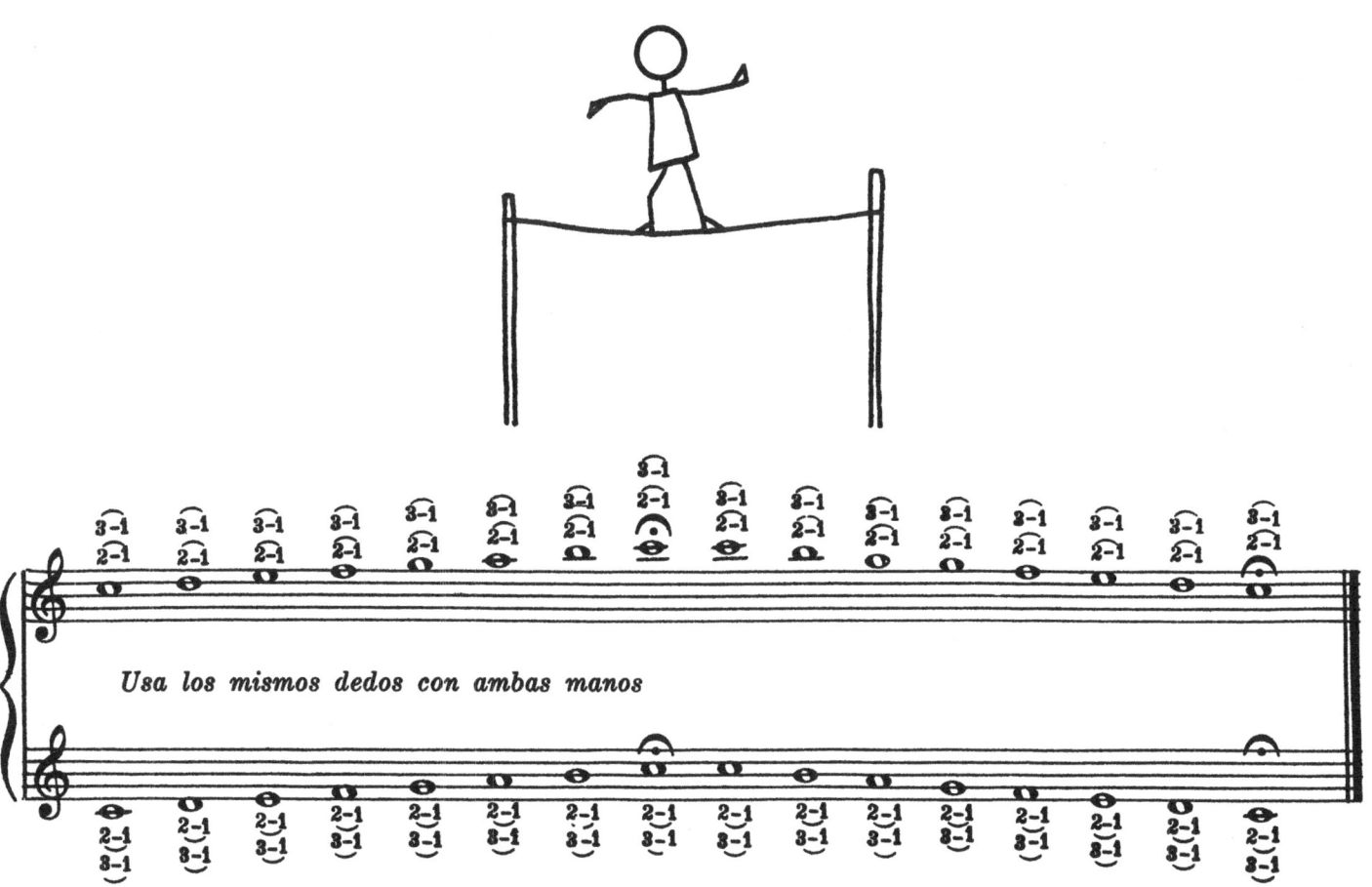

Usa los mismos dedos con ambas manos

5. Barbilla Arriba Hasta La Cuerda

Dedos silenciosos
Solo con los dedos gordos

6. Subiendo y Bajando Por La Cuerda

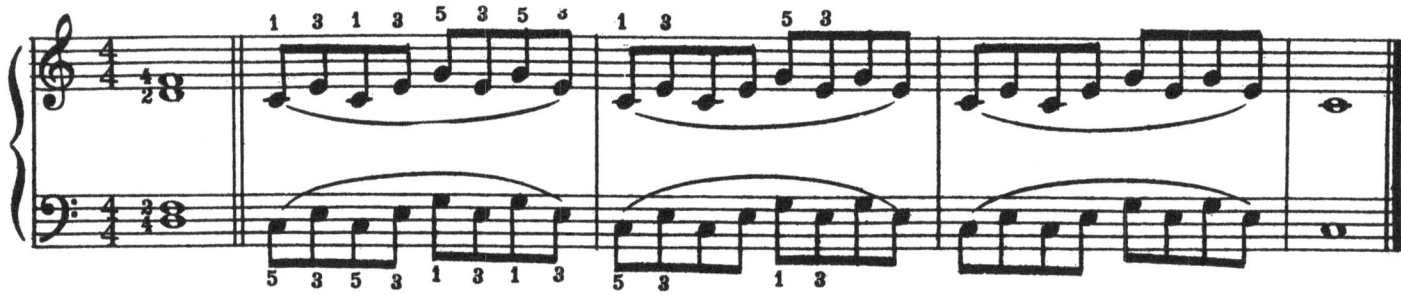

Para arriba

Para abajo

9. Hacer Círculos Con La Pierna Derecha

10. Hacer Círculos Con La Pierna Izquierda

11. Colgando De Las Rodillas

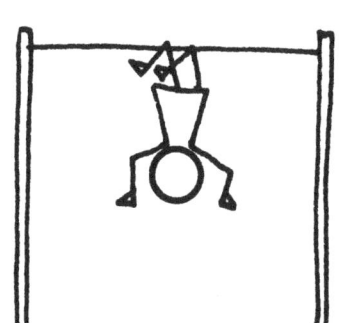

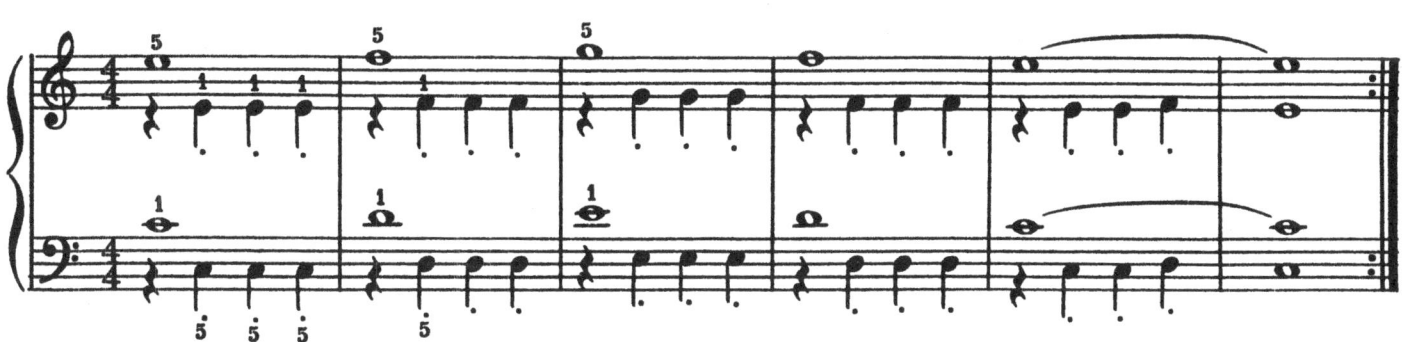

12. Afinado Como Un Violin y Listo A Partin

Grupo V

1. Respirando Hondo

2. Deslizarse Por Un Palo (poco a poco)

7. Subir y Bajar Las Escaleras

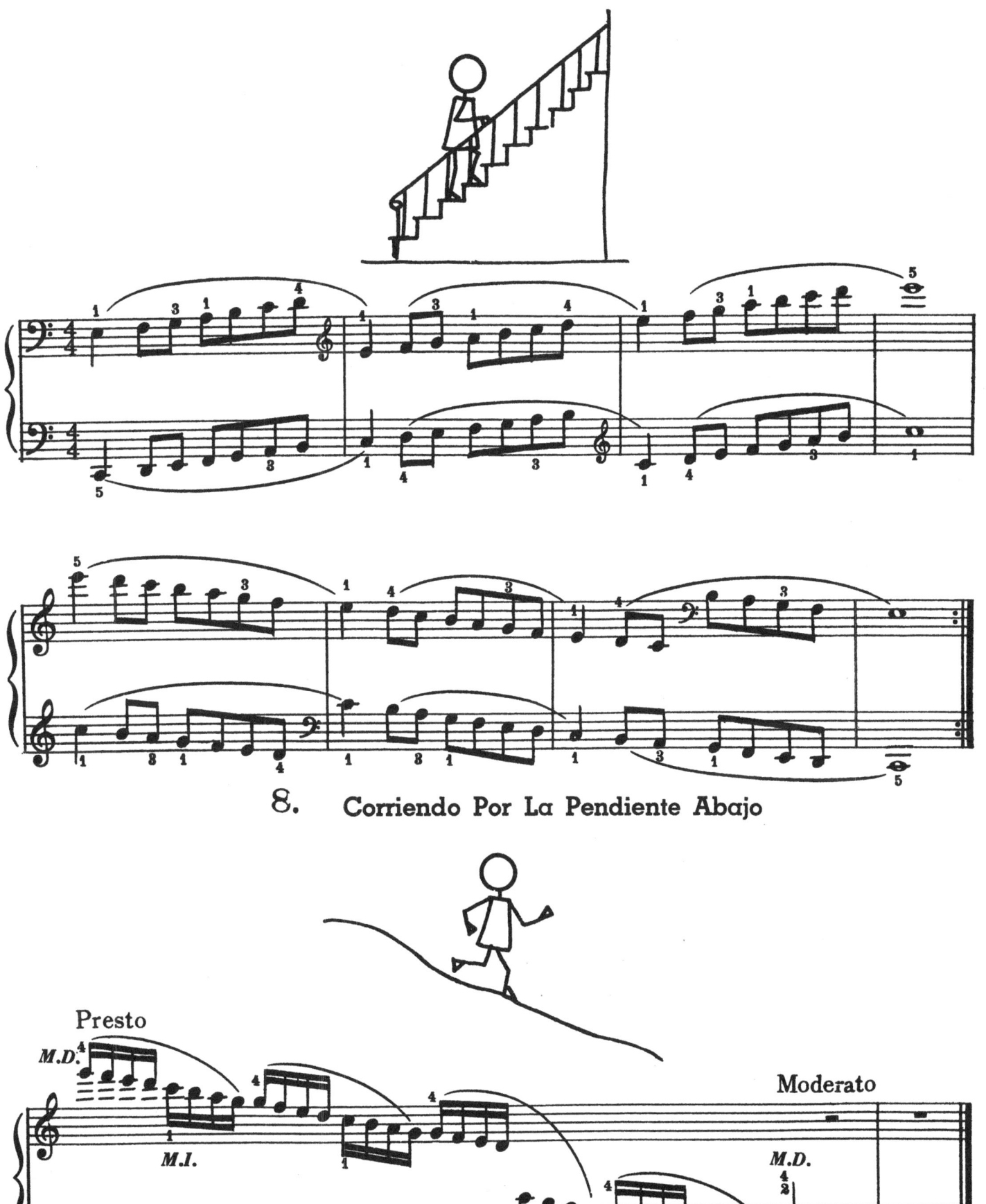

8. Corriendo Por La Pendiente Abajo

9. Doblando Las Rodillas

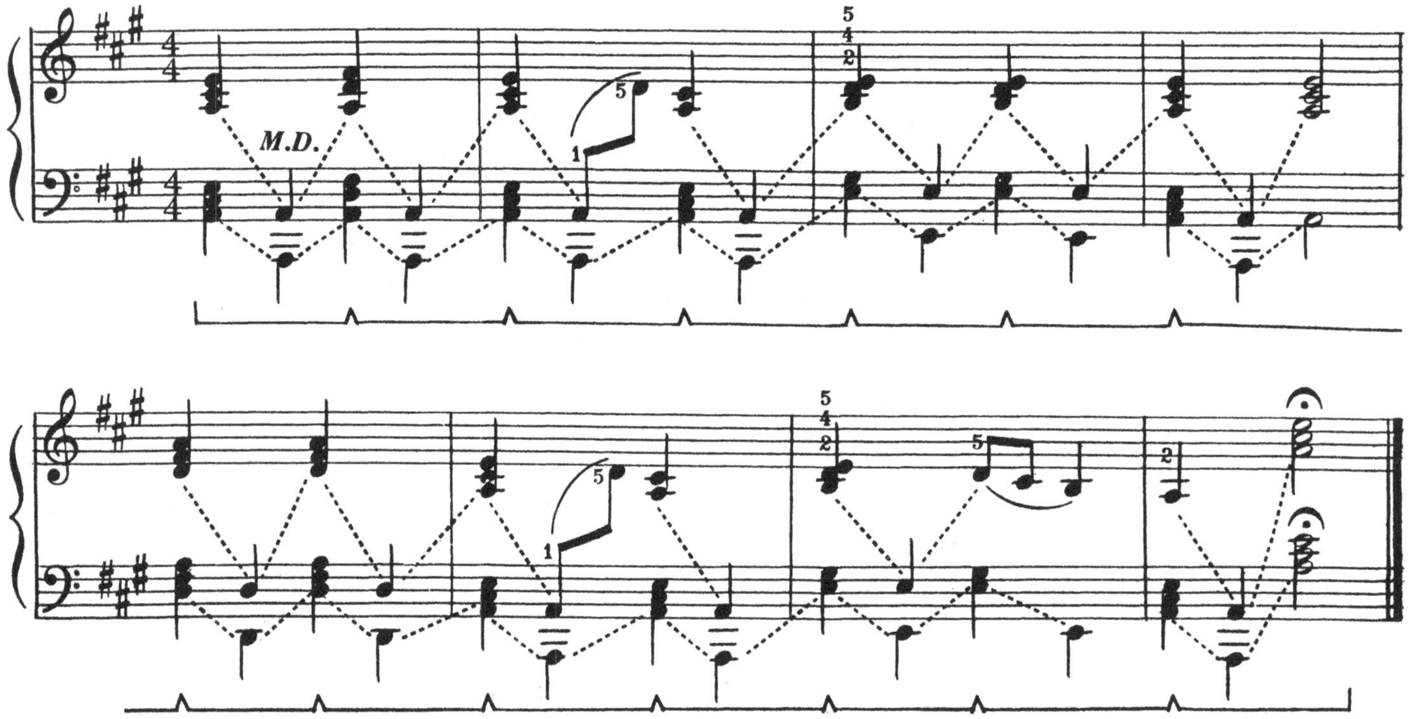

10. Salto De Rana

11. Escalando

12. Afinado Como Un Violin y Listo A Partin